Liebe Maryann,

Dieses kleine Buch hat mir
zur Zeit des Verlustes eines
lieben Menschen viel Kraft
gegeben, es soll nun dir
gehören und dich trösten

Thea

# Jörg Zink
# Trauer hat heilende Kraft

## Kreuz Verlag

Ich denke sehr an dich.
Ich denke an die Stunde,
als wir, es ist schon eine Reihe von Tagen her,
am offenen Grab standen und vom Liebsten,
das du hattest, Abschied nahmen.
Mir geht seither manches durch Kopf und Herz,
was ich damals nicht gesagt habe,
weil ohnedies alles zu viel war.

Nun wird es einsam um dich.
Von den Freunden geht jeder seinen Weg.
Vielleicht ist nun die Zeit, dir zu schreiben.
Denn ich möchte gerne dann und wann
ein paar Schritte mit dir gehen,
wenn dein Weg besonders unwegsam vor dir liegt.

Ich kann deine Einsamkeit nicht von dir nehmen.
Aber du sollst wissen, daß ich dir
in deiner Trauer nahe bin,
soweit das ein Mensch kann,
bis es, vielleicht, einmal wieder heller wird
für dich.

Wenn ich dir nun das eine oder andere Wort sage,
das dir ein wenig Licht zeigen soll,
dann hört es sich für dich wohl sehr fremd an.
Und doch möchte ich es versuchen.

Ich stand einmal vor einem Moorsee,
sehr früh am Morgen.
Die vorjährigen Binsen standen wie Spieße.
Aber aus dem dichten Morgennebel kam dann doch,
schwach noch und fast ein wenig mühsam, die Sonne
und spiegelte sich in dem dunklen Wasser.

Ich meine nicht, du könnest eines Tages
wieder leben wie in deinen früheren Jahren.
Denn ein Schmerz dieser Art läßt ja nicht nach,
nicht so rasch jedenfalls.
Er geht und kommt noch lange Zeit, wie er will.
Du wirst ihm ausgeliefert sein und ihn erleiden.
Er wird bei dir wohnen wie ein unsichtbarer Gast
und sich wohl erst am letzten Tag verabschieden.
Aber am Ende wird er es gewesen sein,
der diese Jahre wesentlich gemacht hat,
der ihnen ihr Gewicht gab und ihre Tiefe.

Ich höre noch, was du neulich gesagt hast.
Du hast gesagt, du fürchtest dich,
in Teile oder Brocken auseinanderzufallen.
Du hast gesagt:
Er hat so viel von mir ins Grab mitgenommen,
daß mir kaum noch etwas zum Leben übrigbleibt.
Du hast gesagt: Das ist,
als wenn dir jemand Arme und Beine ausrisse
und dich liegen ließe.

An deine Hochzeit erinnere ich mich,
vor vielen langen Jahren.
Damals hast du dein ganzes Leben
auf die Liebe zu diesem Menschen gesetzt.
Ist es nicht fast selbstverständlich,
daß dir jetzt dein ganzes Leben entgleitet
damit, daß du ihn verloren hast?
Dein Mann war die eine Hälfte deiner Seele.
Und mit ihm, so empfindest du,
hast du auch deine eigene verloren.

Ich weiß, das mußt du jetzt so empfinden.
Aber es ist nicht das Letzte, das auf dich wartet.

Du erzähltest,
was deine Nachbarn und Kollegen sagten:
Du mußt vergessen, sagten sie.
Du mußt dich ablenken. In Urlaub fahren.
Du mußt Abstand gewinnen, sagten sie.
Als hätte das irgendeinen Sinn.

Ich weiß, man bewundert eine Frau,
wenn sie Haltung bewahrt, sich beherrscht
oder gar ihr Gesicht mit einem Lächeln verschleiert.
Denn es ist für die anderen so am einfachsten.
Man meint, mit der Trauerfeier sei es überstanden.
Dann werde sie schon darüber hinwegkommen.
Das ist nicht böse, nur schrecklich ahnungslos.
Aber es bedeutet, daß du allein bist.
Da schließt sich etwas wie eine Eisdecke
über einem strömenden Wasser.

Du sagst, du wollest jetzt an der Stelle bleiben,
an der er dich verlassen hat,
an der dunklen Grenze, vor der du seitdem stehst,
weil du dort und nirgends sonst die Kraft findest,
um weiterzuleben.

Laß es dir nicht ausreden.

Es nützt nichts, wenn du deine Kräfte verbrauchst
damit, zu tun, als wäre alles schon geschafft.
Als Jesus an das Grab eines Freundes trat,
weinte er vor den Augen des ganzen Dorfes.
Nur wer nichts liebt, kommt ohne Tränen aus.

Wir haben es heute besonders schwer,
Zeiten der Trauer durchzustehen. Täglich hören wir,
was irgendwo auf der Welt an Unglück geschieht,
was an Leid und Elend erlitten wird,
und wir schützen uns davor dadurch,
daß wir alles schnell wieder vergessen.

So erwarten wir es auch von den Trauernden,
und sie selbst entschuldigen sich,
daß es ihnen nach vier Wochen
noch immer nicht besser geht.
Die Freunde reden nicht mehr darüber.
Nicht daran rühren, sagen sie.

Aber ich wünschte im Gegenteil, wir fänden Worte,
über den Weggegangenen zu reden,
über all die langen Jahre der Freundschaft,
der Liebe und des Glücks, die vergangen sind
und doch noch so nah gegenwärtig.

Ich will dir sagen, was dir hilft:

Weinen, weil du verlassen bist, denn du bist es.
Weil dir kalt ist. Es ist wirklich kalt.
Weil dir das Weh das Herz zusammenzieht,
mehr, als irgendeiner von uns ermißt.
Du brauchst nicht unter der Eisdecke zu leben.

Schreien. Auch wenn es jemand hört.
Ich verstehe es, wenn du zornig bist
über das Unrecht, das dich getroffen hat.
Wenn du wütend bist auch auf Gott,
der das zugelassen oder gar gewollt hat.
Auch Hiob klagte Gott mit harten Worten an.

Verstummen, wenn du das Gefühl hast,
der andere könne dich nicht verstehen.
Wenn du zu müde bist, zu reden,
oder wenn du dich, auf eine seltsame
und grausame Weise, schuldig fühlst.

Eines Tages wird es nicht mehr so wichtig sein,
zu weinen oder zu schreien. Aber jetzt ist es gut.
Und jetzt soll es dir niemand verwehren.

enn du stehst wirklich in einem Raum
zwischen dem Leben und dem Tod.

Du hast den verloren, den du geliebt hast.
Du hast verloren, was dir wichtig war
und was dich glücklich gemacht hat.
Und vor allem: Du hast auch dich verloren.

Du wohnst in einer Art »Haus der Trauer«,
eingeschlossen in die Wände des Leides.
Kein Dach schützt dich,
wie in dieser Kirchenruine.
Du stehst in einem kahlen, menschenleeren Raum,
in dem du nicht leben kannst
und den zu verlassen dennoch keinen Sinn gibt.

Denn ein solcher Raum ist das einzige,
das jetzt wahr ist. Weglaufen nützt nichts.
Sich betäuben nützt nichts.
Ob sich irgendwann eine Tür auftun wird,
weiß niemand, auch ich nicht.
Aber ich möchte dich gerne dort besuchen.
Wenn ich darf. Im Haus deiner Schmerzen.

Eines der ganz großen Bilder von Leben und Tod
stammt von Edvard Munch
und heißt: Der Tod der Mutter.

Ein Kind steht in dem Haus,
in dem es geliebt und behütet war,
dem Haus, das aus Menschen bestand,
vor allem: der Mutter.

Die ist nun tot.
Und es ist stumm im Raum. So stumm,
daß das Kind sich vor dem Lärm der Stimmen,
die von allen Seiten schreien: Sie ist tot!
vor den Stimmen der Angst und des Entsetzens,
die Ohren zuhalten muß. Vor der Angst,
was nun alles kommen, was alles hereinbrechen wird.

Irgendwer wird es abholen in ein fremdes Haus.
Und das Kind wird ein Leben lang wissen:
Ich habe mein Haus verloren, in dem die Mutter war.
Ich hätte dort bleiben müssen, noch lange Zeit,
bis ich einen Weg gefunden hätte,
meinen Weg.

Lange stand ich vor der schmalen Holzbrücke,
die sich mit ihrem sanften Bogen spiegelte.
Es war eine Brücke zum Hin- und Hergehen,
hinüber und herüber. Einfach so,
des Gehens wegen und der Spiegelungen.

Die Trauer ist ein Gang hinüber und herüber.
Hinüber, dorthin, wohin der andere ging.
Und zurück, dorthin, wo man mit ihm war
alle die Jahre des gemeinsamen Lebens.

Und dieses Hin- und Hergehen ist wichtig.
Denn da ist etwas abgerissen.
Die Erinnerung fügt es zusammen, immer wieder.
Da ist etwas verlorengegangen.
Die Erinnerung sucht es auf und findet es.
Da ist etwas von einem selbst weggegangen.
Man braucht es. Man geht ihm nach.
Man muß es wiedergewinnen, wenn man leben will.

Man muß das Land der Vergangenheit erwandern,
hin und her, bis der Gang über die Brücke
auf einen neuen Weg führt.

Auf zwei Gefahren zu achten ist wichtig.

Die eine erkennst du, wenn du dir zuhörst,
wie du ihn immer wieder zurückrufen willst.
Du darfst das tun. Aber es heilt nicht.

Mit diesem Wunsch machst du dir das Herz schwerer
und deinen Weg sinnloser.
Nicht das ist ja das Ziel,
daß die Toten zurückkommen oder wir sie festhalten,
sondern daß wir ihnen nachgehen;
daß wir unseren Weg auf dieser Erde so gehen,
daß er uns näher zu ihnen hinführt.

Ich glaube auch,
daß die Toten es wohl empfinden,
mit welchen Gedanken wir zu ihnen hindenken.
Also schicke deine besten Empfindungen hinüber,
deine Liebe und Dankbarkeit
und deine Bereitschaft loszulassen.
Schick dein Gebet hinüber,
für ihn und für alle, die drüben sind.
Gib ihm seinen neuen Weg frei
und bereite dich darauf vor, ihn zu finden,
wenn du selbst hinüberkommst.

Die andere Gefahr ist die,
daß du ihm nachsterben willst.
Auch das ist nicht der Sinn deines Schicksals.

Ich weiß, der Wunsch, nachzusterben,
ist gerade für Frauen, aber nicht nur für sie,
eine der elementaren Sehnsüchte
und manchmal fast unüberwindlich
in der Zeit der Trauer.

Das Leben hier scheint so sinnlos geworden
und alle Lebenskraft verloren.
»War es nicht Barmherzigkeit von den Indern«,
fragte mich eine Frau, die plötzlich allein war,
»daß die Frau mitverbrannt wurde mit dem Mann?«
Und ist es denn feige, wenn man sich wünscht,
daheim zu sein: dort, wo der andere ist?

Gib diesem Gedanken nie zu lange nach.
Wir kennen es von anhänglichen Tieren,
daß sie nachsterben.
Die Kraft des Menschen drückt sich darin aus,
daß er bei aller Sehnsucht nach dem Tod
doch auf der Erde zu bleiben vermag,
bis ihn der Ruf Gottes trifft: Komm!

Es wird dir auch erscheinen, immer wieder,
als stündest du vor einem tiefen, dunklen Wasser,
und dort unten sei vieles aus eurem
gemeinsamen Leben verborgen.

Du denkst: Ach, es war doch vieles nicht so,
wie es hätte sein können oder sein sollen.
Gedanken an Versäumen und Versagen und Verschulden
liegen da unten.
Sie ziehen hinab in die dunkle Tiefe,
sie hängen an dir.

Was tust du mit ihnen?
Sie immer aufs neue durchzudenken
hilft nicht weit. Du mußt sie loslassen können.
Du weißt, daß wir alles, was geschehen ist,
Gott in seine Hand legen dürfen.
Ihn bitten: Nimm alles zu dir, was war
und worunter ich, so lange danach,
noch immer leide.
Vertrauen, daß es neue Anfänge gibt
auch für die Erinnerung.
Und dann die dunkle Tiefe hinter sich lassen.

Die Trauer über das, was nicht gut war,
kommt nicht nur daher, daß wir versagt haben.
Sie hat auch den viel wichtigeren Sinn,
daß durch den Tod eines geliebten Menschen
unser Herz anfängt, sorgsamer zu empfinden.
Käme der Geliebte jetzt durch die Tür,
wir begrüßten ihn gewiß wärmer als früher.

Eine gewisse Zartheit des Empfindens,
eine tiefere Innigkeit wächst uns wohl erst
nach dem Tod dessen zu, den wir lieben.
Da reift in uns selbst etwas nach.

Während der andere in jener Welt weitergeht,
will auf dieser Erde nachreifen,
was unserer Liebe gefehlt hat.
Christus redet,
wenn er von der Frucht unseres Lebens spricht,
von einem Getreidefeld oder von dem Wein,
der an uns wachsen und zu Ende reifen soll.

Und dafür ist es gut,
noch eine Weile auf dieser Erde zu sein.
Denn hier auf der Erde soll entstehen,
was als Sinn und Wert unseres Lebens gelten wird.

Es ist gut,
immer wieder Erinnerungen aufzusuchen,
mit anderen zusammen alte Geschichten auszugraben.
Fragen: Weißt du noch? Bilder auszukramen
aus Zeiten, in denen lustige Leute wie diese hier
mit ihren Freunden auf einem Pferdewagen
durch die Landschaft rollten.

Das ist gut: sich erinnern,
dankbar für viel Schönes,
Freundliches und Schmerzliches auch,
das man gedacht hat, erlebt und empfunden.
Erinnern hilft uns, zu sehen,
aus welcher Vergangenheit wir kommen,
und dann den Weg zu suchen, der weiterführt.

Denn wenn früher so viel gütige Führung war,
sollten wir ihr nicht auch künftig vertrauen?
Wenn die fröhliche, gesunde Kraft von früher
freundliche Gabe Gottes war,
sollte dann nicht auch künftig eine Quelle sein,
aus der Kraft kommt?

Vielleicht macht dir das Erinnern noch Mühe,
heute, aber sicher wird dir im dankbaren Verweilen
das Schreckliche weniger unerträglich sein.

Ich kann mir denken,
daß du lange Nächte schlaflos liegst,
unerträglich lange Nächte.
Dann irrlichtern die Gedanken irgendwohin
und wollen sich nicht einfangen lassen.

Dann ist es gut, wenn du dir sein Bild
klar vor dein inneres Auge stellst, das Bild,
das du in glücklichen Tagen von ihm hattest,
als er dir besonders nahe erschien,
als etwas besonders Schönes gelang,
als du besonders groß von ihm dachtest.

Nicht so, daß du dir etwas vormachst,
sondern klar und wahrhaftig.
So bildet sich in deiner Seele ein Raum,
in dem du wohnen kannst
und in dem vielleicht auch der Schlaf gelingt.

Seine Stimme hören. So, als komme sie
nicht nur aus der Erinnerung, sondern von drüben.
So werden die leisen Stimmen vernehmbar,
auch die Stimme Gottes, auf eine neue Weise.
Als die Stimme eines Friedens,
der nicht von dieser Welt ist.

Auch kann ich mir denken,
daß du manchen Morgen mit Angst beginnst.

Wie solltest du auch alles plötzlich allein können,
was ihr bisher gemeinsam bedacht und entschieden habt?
Allem gewachsen sein, alles allein durchstehen?
Ich kann mir vorstellen, daß du dich fühlst
wie ein Haus ohne Hüter, ohne Tür,
ohne Riegel, ohne Dach.
Daß du dich fürchtest vor Tagen,
an denen ein Wetter kommt und niemand ist,
der sich zu dir stellt.

Aber darin gerade liegt zu einem Teil
der Sinn des Trauerns:
Daß du mit ihm sprichst wie früher
und alle die Gespräche wiederkehren,
alle die Entscheidungen. Und der gemeinsame Wille.
Daß die Kraft, die ihr gemeinsam hattet,
zurückkehrt und dich erfüllt.
Daß du Halt findest an dir selbst
und das Vertrauen wiederfindest;
daß du kannst, was dir zugemutet ist,
und dein Tag Licht bekommt.

Meine nun nicht, du müssest allein bleiben.
Du dürfest den andern deine Trauer nicht zumuten.
Es ist wichtig, daß du das Gespräch suchst
mit denen, die den Toten gekannt haben.
Du hilfst auch ihnen, die sich so sehr scheuen,
aus ihrer Angst herauszukommen.
Sie können viel Unbefangenheit gewinnen,
gerade von dir.

Der Meister eines mittelalterlichen Altars
malte neben das Kreuz des Christus Maria,
die Mutter, in sich zusammensinkend,
aber gestützt und gehalten durch Johannes.
Ihm hatte Jesus gesagt: Nimm sie als deine Mutter!
Und Maria: Nimm ihn als deinen Sohn!

So halten sie einander.
Und du kannst Maria, aber auch Johannes sein,
der Stützende und Haltende.
Denn es sind mehr Menschen um dich, als du weißt,
die einen Helfer suchen, der zuhört und aushält.
Und indem du, eine Leidende, eine Liebende bist,
findest du Kräfte, die du anders nicht gewinnst.

Du brauchst noch lange Zeit viel Geduld
mit dir selbst. Du wirst nicht in Kürze wieder
ein harmonischer Mensch sein,
sondern noch lange hin- und hergeworfen
von deinen Stimmungen und Gedanken.

Manchmal wirst du dich so empfinden,
als seiest du selbst gestorben.
Starr und ohne Leben.
In den ersten Tagen hast du das so erfahren.
Da war alles wie unwirklich,
und nicht einmal die Tränen wollten kommen.
Du mußt wissen: Das ist nicht nur bei dir so.
Viele, unendlich viele erleben dasselbe.

Ein anderes Mal bricht es aus dir heraus.
Du hämmerst wie gegen eine verschlossene Tür.
Du wütest über dein Schicksal. Und vielleicht
trifft dein Zorn sogar ihn, der dich allein ließ.
Und weil du weißt, daß das ungerecht ist,
hämmern von innen gegen dich die Schuldgefühle.

Dann mußt du wissen,
daß das alles sein Recht hat, für dich selbst
und für Ungezählte, die ihre Trauer erleiden.

Und wenn das alles ein wenig verebbt ist,
kann es dir geschehen,
daß du in der Welt umherläufst,
als müsse er noch irgendwo sein.
Als habe er sich nur verborgen
und müsse um die nächste Ecke kommen.
Immer wieder wirst du ihn suchen,
als sei noch alles wie früher,
und du wirst große Mühe haben,
in die harte Gegenwart zurückzufinden.

Vielleicht dauert es Monate, vielleicht Jahre,
bis du wieder in diese Welt einwurzelst.
Bis dein Tag wieder Licht und Sinn hat.
Bis dir ein Erfolg wieder Freude macht,
ein Erlebnis dich fröhlich stimmt,
eine Plauderei dich anregt.
Bis sich um dich her wieder deine Welt bildet,
nicht so, wie sie war, aber doch auch wieder gut.

Du darfst in all dem nichts von dir fordern,
was gegen dein Gefühl geht.
Denn deine Trauer wird ein langer Weg sein.

Als ich an einem frühen Morgen
durch einen nebelverhangenen Wald ging,
waren die Sträucher bedeckt mit zarten Spinnweben.
Als dann die Sonne zwischen den Stämmen aufging,
fingen die Fäden plötzlich an,
in allen Farben zu leuchten,
und mir ging durch den Kopf,
als ich dieses Bild sah: So ähnlich
muß es wohl aussehen, wenn wir sterben.

Da leben wir eingefangen in Rätsel,
in Leid und Angst und – vor allem – Schuld.
Dann schließen wir die Augen,
gehen durch einen schimmernden Durchgang,
und am Ende erwartet uns das Licht.

Und wir werden – auferstehend – verwandelt werden
in das Bild, das Gott meinte, als er uns schuf.
Daß aber dieses Bild sich abzeichnet,
das geschieht uns schon hier, immer wieder.
Auch die Trauer ist wie ein Tod,
in dem sich etwas wandeln und vollenden soll.

Du wirst nicht vergessen und doch wissen,
daß alles ein Ziel hat
und am Ende das Licht sein wird.

Du kennst die alten Osterbilder,
auf denen drei Frauen frühmorgens zum Grab kommen
dort aber einer lichten Erscheinung begegnen,
die sagt: Den ihr für tot haltet, der lebt.

In den Tagen danach gerieten sie
in eine seltsam nahe Verbindung mit ihm.
Sie hörten seine Stimme. Sie sahen ihn.
Aber das war nicht nur beglückend,
es war auch fremd.
Sie verloren den Boden unter den Füßen.

Denn was sie für wichtig gehalten hatten,
das wurde plötzlich sehr vorläufig.
Sie begriffen, daß die Welt hier und die drüben
zusammengehören. Daß sie eins sind.

Da ändert sich der Tod. Er wird zu einem Schritt
über die Schwelle in einen anderen Raum.
Dort aber warten neue Erfahrungen,
neue Begegnungen und Einsichten.
Vor allem aber die Begegnung mit dem Christus,
den die drei in seinem Grab nicht finden konnten.
Die Begegnung mit dem, der das Leben selbst ist.
Und so gehen sie ihm entgegen.

Wenn dich plötzlich das starke Gefühl erfaßt,
der, den du geliebt hast und liebst, sei dir nahe,
er habe dir ein Zeichen gegeben,
dann laß dich nicht irremachen. Nimm es an.

Ich bin überzeugt, daß es mehr Verbindungen gibt
zwischen denen drüben und uns hier,
als die meisten von uns heute meinen.

Ich glaube, daß ein Mensch, zu dem wir reden
in der Stunde nach seinem Sterben,
hört, was wir ihm sagen,
und daß die Toten uns Zeichen geben.

Wir brauchen dazu keine besonderen Fähigkeiten.
Wir müssen nur wissen, daß die Wand dünn ist
zwischen jener Welt und der unseren.

Werden wir uns also wiedersehen?
Unser Auftrag auf dieser Erde ist der,
an Liebe reicher zu werden.
Und ich glaube, daß die Liebe,
die in uns gewachsen ist, nicht verlorengeht.
Ich glaube an ein Finden und Begegnen –
wie immer es dann geschehen sollte –
wie hier, so in der anderen Welt.

Für mich ist die Welt,
in die wir im Tode hinübergehen,
so wirklich, wie diese es ist.

Christus lebt. Die wir für tot halten, leben.
Und wir: du und ich, werden auch weitergehen.
Mit neuen Aufgaben, wie ich mir denke.
So verkehrt sich das Verhältnis von Leben und Tod.
Nicht das Leben währt, bis der Tod es beendet,
sondern wir sind unter der Herrschaft des Todes,
bis wir frei sind und ins Leben treten,
hinüber in einen anderen Raum und eine andere Zeit.

Was wir dann tun werden?
Dasselbe, was Christus tat
und was wir ihm nachtun sollen:
Himmel und Erde verbinden, dort, wo wir stehen.

Und das wird sein, bis ein neuer Himmel
und eine neue Erde sich verbinden
»wie eine Braut mit ihrem Mann«.
Das Ziel aber ist das Gottesreich,
»in dem kein Leid mehr sein wird und kein Geschrei
und die Tränen abgewischt sein werden
von unseren Augen«.

Drei Jahre nach dem Tod ihres Mannes
schrieb mir eine Frau:
»Der Schmerz ist erträglich geworden.
Aber die Trauer bleibt,
und ich möchte sie nicht missen.
Denn mit ihr bleibt die Liebe,
und sie gibt dem Leben eine Tiefe,
aus der ich nun Ruhe und Kraft schöpfe.«

In der Tat: Die Liebe,
die du in langen Jahren gegeben hast,
kommt in der Trauer zu dir zurück
und gibt dir die Kraft, die du brauchst,
um lebensfähig zu bleiben.

Es ist fast ein wenig wie bei dem Wurzelstock
eines gestürzten Baums,
aus dem nun der blühende Fingerhut hervorwächst.

Unter Christen reden wir vom Geist Gottes.
Wir meinen: Wer den Weg durch das Leiden
mit Christus geht, empfängt eine Kraft,
die ihm nun hilft,
im Vertrauen auf dieser Erde zu stehen.
Der Geist ist der Tröster, sagt Jesus.

Es mag durchaus sein,
daß dir auf dieser Erde noch mehr zugedacht ist,
neues und anderes, als du jetzt siehst.
Aber das ist jetzt nicht wichtig. Wichtig ist,
daß du nicht meinst, die Sonne sei untergegangen.
Sie leuchtet nur anders und in einem anderen Raum.

Wenn du so in das schneebedeckte Tal schaust,
kannst du dir kaum vorstellen,
daß um diese Hütte her in wenigen Monaten
ein Meer von Blumen wogen wird.

Wichtig ist, was in dir selbst geschieht.
Denn die Liebe will das Tägliche stärker prägen,
nicht schwächer als früher,
so, daß du das Leid der Menschen besser verstehst
und ein neues, warmes Leben für dich beginnt.

Wichtig ist, daß du nicht karg wirst.
Viele brauchen deine Erfahrung und deinen Frieden
und alles, was in dir an Trost und Hilfe wächst.
Denn die Erde, die durch das Leiden des Christus
erlöst wurde, braucht den Trost,
der von den Trauernden ausgeht.

Manche fragen mich:
Darf man für die Toten beten?
Ich wüßte nicht, was uns hindern sollte.

Sie sind ja nicht tot, sondern leben.
Gott, sagt Jesus, ist nicht ein Gott von Toten,
sondern von Lebendigen. Hier wie drüben.
Wenn uns das Gebet mit Menschen verbinden darf,
die am andern Ende der Erde sind,
dann doch auch mit denen, die sie verlassen haben.
Sie empfangen, was wir ihnen senden,
auf dem Weg über die Güte Gottes,
die sie auch dort geleitet.

Wir sind nun einmal Wesen zwischen zwei Welten.
Wir gehören nicht ganz in diese Welt
und doch auch noch nicht in die andere.
Aber dazwischen können sich Blüten öffnen
mit einem Leuchten, das beiden Welten angehört.

Wo unsere Lieben sind,
ist derselbe Gott, dem wir auch hier vertrauen.
Und in seiner Hand wissen wir uns selbst
und sie, von denen wir hier noch getrennt sind.

Auf einer Wanderung stand ich vor einem Baum,
in den eine Christusfigur eingewachsen war.
Vor hundert Jahren oder mehr hatte jemand
ein Kruzifix an dem Stamm befestigt.
Nun wächst der Baum und schließt die Figur ein.
Unmerklich wächst der Baum um sie herum.
Die offene Stelle wird eines Tages
ganz zusammengewachsen sein,
und am Ende ist der Baum wieder wie unversehrt.
Aber Christus ist in ihm.

Ich denke an dich, wenn ich das Bild anschaue.
Unsere Lieben wachsen, wenn sie gegangen sind,
in uns hinein. Werden ein Teil von uns.
Geben uns ihre Liebe und Kraft,
und am Ende bewahren wir sie unsichtbar in uns.

Das gilt auch von Christus.
Wir empfangen sein Leben,
indem er in uns hineinwächst,
und am Ende sind wir in seine Gestalt verwandelt.
Am Ende ist er in uns
und vollendet uns zu dem Bild,
nach dem wir geschaffen sind.

© by Dieter Breitsohl AG
Literarische Agentur Zürich 1985
Alle deutschsprachigen Rechte beim Kreuz Verlag Stuttgart

5. Auflage (111.-130. Tausend)
Kreuz Verlag Stuttgart 1988

Alle Fotos: Jörg Zink
Gestaltung: Hans Hug
Reproduktionen: Gölz, Ludwigsburg
Satz: TypoSatz Bauer, Fellbach
Druck: Süddeutsche Verlagsanstalt, Ludwigsburg
Buchbinderische Verarbeitung: Röck, Weinsberg

ISBN 3 7831 0790 3

In der gleichen Ausstattung wie das Buch, das Sie in der Hand haben, sind **von Jörg Zink im Kreuz Verlag** erschienen:

### Mehr als drei Wünsche
Altersweisheit spricht aus den mit Humor gewürzten Texten, die zusammen mit den Fotos ein herzhaftes Geschenk bilden.

### Am Ufer der Stille
Jörg Zink zeigt auf Fotos und in seinen Texten, in welche Tiefe und Weite das Lauschen auf die Stille führt.

### Alles Lebendige singt von Gott
In den vielen kleinen Dingen der zauberhaften Natur ist die lebendige Gegenwart des Schöpfers zu erfahren.

### Wenn der Abend kommt
Meditative Fotos und Texte laden ein zu Sammlung und Gelassenheit.

### Vielfarbiger Dank
Jede Blume mit ihrer besonderen Farbe deutet auf eine menschliche Eigenschaft hin, die Anlaß gibt zum Danken.

### Meine Gedanken sind bei dir
Ein besonders zartes Geschenk für alle Liebenden, die getrennt sind.

### Wo das Glück entspringt
Ein Geschenk für alle, die nach Glück suchen und dazu beitragen möchten, andere glücklich zu machen.

### Unter weitem Himmel
Alle Grenzen, die wir sehen, können sich uns öffnen, unsere Freiheit beginnt, wo wir über Grenzen hinausschauen.

**Liebe ist ein Wort aus Licht**
Ein Loblied auf die eheliche Liebe, das vom Sinn
des gemeinsamen Wanderns erzählt.

**Trauer hat heilende Kraft**
Ein Besuch im Haus der Trauer, nicht um vorschnell zu trösten,
sondern um durch Klage und Schmerz zu begleiten.

**Dein Geburtstag sei ein Fest**
Jörg Zink ermuntert dazu, den Geburtstag als einen Höhepunkt
des Lebens zu feiern und zu bedenken.

**Liebesbrief an eine Mutter**
Ein Freund schreibt von der Weite und Freiheit,
die der Frau auch dann zugedacht sind, wenn sie Mutter ist.